大方廣佛華嚴經　讀誦

33

🪷 일러두기

1. 『독송본 한문·한글역 대방광불화엄경』은 실차난타가 한역(695~699)한 80권 『대방광불화엄경』의 한문 원문과 한글역을 함께 수록한 것이다. 한문에는 음사와 현토를 부기하였다.

2. 원문의 저본은 고종 2년(1865) 월정사에서 인경한 고려대장경 『대방광불화엄경』에 한암 스님이 현토(1949년)한 것을 범룡 스님이 영인 출판(1990년)한 『대방광불화엄경』이다.

3. 한문은 저본에서 누락되었거나 글자가 다르다고 판단된 부분은 저본인 고려대장경 각권의 말미에 교감되어 있는 내용을 중심으로 하고 봉은사판 『대방광불화엄경수소연의초』와 신수대장경 각주에서 밝힌 교감본을 참조하여 보입하고 수정하였다.

4. 한글 번역은 동국역경원에서 발간한 한글 『대방광불화엄경』(운허)을 중심으로 하고 『신화엄경합론』(탄허)과 『대방광불화엄경 강설』(여천무비) 그리고 최근의 여타 번역본 등을 참조하였다.

5. 저본의 원문에서 이체자의 경우 훈글이 제공하는 이체자는 그대로 살리고 훈글이 제공하지 않는 글자는 통용되는 정자로 바꾸었다. 예) 閒 → 閒 / 焔 → 燄 / 宫 → 宮 / 偁 → 稱

6. 한글 번역은 독송과 사경을 위하여 정확성과 아울러 가독성을 고려하였다. 극존칭은 부처님과 불경계에 대해서만 사용하였다.

7. 독송본의 차례는 일러두기 → 본문 → 화엄경 목차 → 간행사의 순차이다.
   (법공양판에는 간행사 다음에 간행불사 동참자를 밝혀 두었다.)

8. 독송본의 한글역은 사경의 편의를 도모하기 위해 그 편집을 달리하여 『사경본 한글역 대방광불화엄경』으로 함께 간행한다. 독송본과 사경본 모두 80권 『대방광불화엄경』의 권별 목차 순으로 간행한다.

독송본 한문·한글역

대방광불화엄경 제33권

大方廣佛華嚴經 卷第三十三

25. 십회향품 [11]

十迴向品 第二十五之十一

실차난타 한역
수미해주 한글역

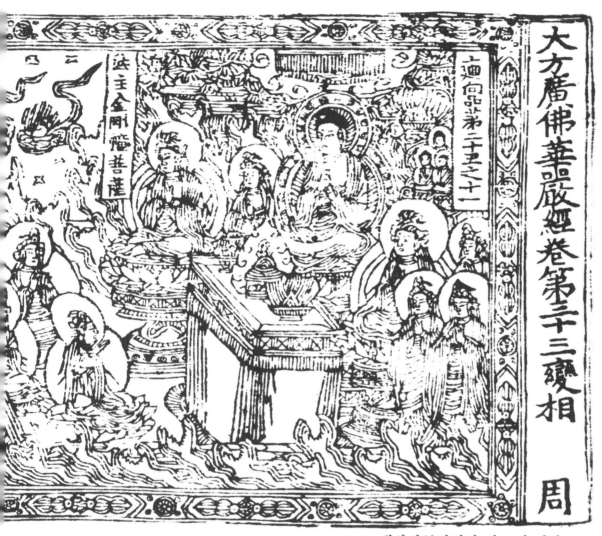

대방광불화엄경 제33권 변상도

대방광불화엄경
제33권

25. 십회향품 [11]

明 其 蓋 瑠 嚴 行 現 衆 海 寶 提 如
於 果 如 璃 於 列 自 寶 無 輪 場 是
光 含 雲 爲 中 枝 在 羅 邊 及 中 我
明 輝 寶 幹 影 葉 雨 網 顯 衆 始 聞
中 發 寶 衆 現 光 無 妙 現 寶 成 一
雨 敏 華 雜 其 茂 蓋 香 摩 華 正 時

대방광불화엄경 권제삼십삼
大方廣佛華嚴經　卷第三十三

십회향품 제이십오지십일
十迴向品　第二十五之十一

불자　보살마하살　부이법시　소수선근
佛子야 菩薩摩訶薩이 復以法施의 所修善根으로

여시회향
如是迴向하나니라

원일체불찰　개실청정　이불가설불가설
願一切佛刹이 皆悉淸淨하며 以不可說不可說

장엄구　이장엄지　일일불찰　기량광대
莊嚴具로 而莊嚴之하며 一一佛刹이 其量廣大하야

1

대방광불화엄경 제33권

25. 십회향품 [11]

"불자들이여, 보살마하살이 다시 법을 보시하여 닦은 바 선근으로 이와 같이 회향한다.

'원컨대 일체 부처님 세계가 모두 다 청정하며, 말할 수 없이 말할 수 없는 장엄거리로 장엄하며, 낱낱 부처님 세계가 그 양이 넓고 커서 법계와 같으며, 순수하게 선하며, 걸림이

1

동어법계 　　순선무애 　　청정광명 　　제불
同於法界하며 　純善無礙하며 　淸淨光明하며 　諸佛이

어중 　현성정각 　　일불찰중 　　청정경계
於中에 　現成正覺하며 　一佛刹中에 　淸淨境界가

실능현현일체불찰 　　여일불찰 　　일체불
悉能顯現一切佛刹하며 　如一佛刹하야 　一切佛

찰 　역부여시
刹도 　亦復如是하니라

기일일찰 　　실이등법계무량무변청정묘보
其一一刹을 　悉以等法界無量無邊淸淨妙寶

장엄지구 　　이위엄식
莊嚴之具로 　而爲嚴飾하니라

소위아승지청정보좌 　　부중보의 　　아승지
所謂阿僧祇淸淨寶座에 　敷衆寶衣하며 　阿僧祇

없으며, 청정하고 광명하며, 모든 부처님께서 그 가운데서 정각 이루심을 나타내며, 한 부처님 세계 가운데 청정한 경계가 모두 능히 일체 부처님 세계를 나타내며, 한 부처님 세계와 같이 일체 부처님 세계도 또한 다시 이와 같아지이다.'라고 한다.

그 낱낱 세계를 다 법계와 동등하고 한량없고 가없이 청정하고 미묘한 보배의 장엄거리로 장엄한다.

이른바 아승지 청정한 보배 자리에 온갖 보배 옷을 깔고, 아승지 보배 휘장에 보배 그물

보장　　보망수포　　아승지보개　　일체묘보
寶帳에 寶網垂布하며 阿僧祇寶蓋에 一切妙寶가

호상영철　　아승지보운　　보우중보　　아
互相映徹하며 阿僧祇寶雲이 普雨衆寶하며 阿

승지보화　주변청정
僧祇寶華가 周徧清淨하니라

아승지중보소성난순헌함　청정장엄　　아
阿僧祇衆寶所成欄楯軒檻이 清淨莊嚴하며 阿

승지보령　상연제불미묘음성　　주류법
僧祇寶鈴이 常演諸佛微妙音聲하야 周流法

계　　아승지보련화　종종보색　개부영
界하며 阿僧祇寶蓮華에 種種寶色이 開敷榮

요　　아승지보수　주잡항렬　무량묘보
耀하며 阿僧祇寶樹가 周帀行列하야 無量妙寶로

이위화과
以爲華果하니라

을 드리우며, 아승지 보배 일산은 일체 미묘한 보배가 서로 비추고, 아승지 보배 구름이 온갖 보배를 널리 비내리며, 아승지 보배 꽃이 두루 청정하다.

아승지 온갖 보배로 이루어진 난간은 청정하게 장엄하며, 아승지 보배 풍경이 항상 모든 부처님의 미묘한 음성을 펴서 법계에 두루 흐르고, 아승지 보배 연꽃이 갖가지 보배 색으로 피어 아름답게 빛나며, 아승지 보배 나무가 두루 줄지어서 한량없는 미묘한 보배로 꽃과 열매가 되었다.

아승지 보배 궁전에 한량없는 보살들이 그

아승지보궁전　무량보살　지주기중　아
阿僧祇寶宮殿에 無量菩薩이 止住其中하며 阿

승지보누각　광박숭려　연무원근　아
僧祇寶樓閣이 廣博崇麗하야 延袤遠近하며 阿

승지보각적　대보소성　장엄묘호
僧祇寶却敵이 大寶所成으로 莊嚴妙好하니라

아승지보문달　묘보영락　주잡수포　아
阿僧祇寶門闥에 妙寶瓔珞이 周帀垂布하며 阿

승지보창유　부사의보　청정장엄　아승
僧祇寶牕牖가 不思議寶로 淸淨莊嚴하며 阿僧

지보다라　형여반월　중보집성
祇寶多羅가 形如半月하야 衆寶集成이라

여시일체　실이중보　이위엄식　이구청
如是一切가 悉以衆寶로 而爲嚴飾하야 離垢淸

정　불가사의　무비여래선근소기　구족
淨하야 不可思議니 無非如來善根所起라 具足

안에 머무르고, 아승지 보배 누각이 넓고 높고 화려하여 길이가 멀기도 가깝기도 하며, 아승지 보배 망루는 큰 보배로 이루어져 장엄이 미묘하게 아름답다.

아승지 보배 문에 미묘한 보배 영락이 두루 드리우고, 아승지 보배 창에 부사의한 보배로 청정하게 장엄하며, 아승지 보배 다라나무는 모양이 반달과 같은 온갖 보배를 모아 이루었다.

이와 같은 일체가 모두 온갖 보배로 장엄하게 꾸며서 때가 없고 청정하여 불가사의하니 여래의 선근으로 일어난 바가 아님이 없음이

무수보장장엄
無數寶藏莊嚴하니라

부유아승지보하　유출일체청정선법　　아
復有阿僧祇寶河가　流出一切淸淨善法하며　阿

승지보해　법수영만　　아승지보분다리화
僧祇寶海에　法水盈滿하며　阿僧祇寶芬陀利華가

상출묘법분다리성　　아승지보수미산　지
常出妙法芬陀利聲하며　阿僧祇寶須彌山에　智

혜산왕　수출청정
慧山王이　秀出淸淨하니라

아승지팔릉묘보　보선관천　엄정무비
阿僧祇八楞妙寶를　寶線貫穿하야　嚴淨無比하며

아승지정광보　상방무애대지광명　보조
阿僧祇淨光寶가　常放無礙大智光明하야　普照

5

라, 수없는 보배 창고의 장엄을 구족하였다.

다시 아승지 보배 강이 있어 일체 청정한 선한 법을 유출하며, 아승지 보배 바다에 법의 물이 가득하며, 아승지 보배 분다리 꽃이 항상 미묘한 법의 분다리 소리를 내며, 아승지 보배 수미산에 지혜의 산왕이 청정하게 빼어났다.

아승지 팔각의 미묘한 보배가 보배실로 꿰어 깨끗이 장엄하여 견줄 데 없으며, 아승지 청정한 광명 보배가 걸림 없는 큰 지혜의 광명을 항상 놓아 법계를 널리 비추고, 아승지 보배

법계　　　아승지보영탁　　갱상구격　　　출묘
法界하며　阿僧祇寶鈴鐸이　更相扣擊하야　出妙

음성　　　아승지청정보　　제보살보　　구족충
音聲하며　阿僧祇淸淨寶에　諸菩薩寶가　具足充

만
滿하나라

아승지보증채　　처처수하　　　색상광결
阿僧祇寶繒綵가　處處垂下하야　色相光潔하며

아승지묘보당　　이보반월　　이위엄식　　아
阿僧祇妙寶幢이　以寶半月로　而爲嚴飾하며　阿

승지보번　　실능보우무량보번　　아승지보
僧祇寶幡이　悉能普雨無量寶幡하며　阿僧祇寶

대　　수포공중　　장엄수묘
帶가　垂布空中하야　莊嚴殊妙하나라

아승지보부구　　능생종종미세락촉　　아승
阿僧祇寶敷具가　能生種種微細樂觸하며　阿僧

방울이 서로 부딪쳐 미묘한 소리를 내며, 아승지 청정한 보배에 모든 보살 보배가 구족하게 충만하였다.

아승지 보배 비단이 곳곳에 드리워져 색상이 빛나고 깨끗하며, 아승지 미묘한 보배 깃대가 보배 반달로 장엄하고, 아승지 보배 깃발이 모두 능히 한량없는 보배 깃발을 널리 비내리며, 아승지 보배 띠가 공중에 드리워져 장엄이 수승하게 미묘하였다.

아승지 보배 방석이 능히 갖가지 미세한 즐거운 촉감을 내고, 아승지 미묘한 보배 소용돌이가 보살의 일체 지혜의 눈을 나타내 보이

지묘보선　　시현보살일체지안　　아승지보
祇妙寶旋이　示現菩薩一切智眼하며　阿僧祇寶

영락　　일일영락　　백천보살　　상묘장엄
瓔珞이　一一瓔珞에　百千菩薩이　上妙莊嚴하니라

아승지보궁전　　초과일체　　　묘절무비　　아
阿僧祇寶宮殿이　超過一切하야　妙絶無比하며　阿

승지보장엄구　　금강마니　　이위엄식　　　아
僧祇寶莊嚴具가　金剛摩尼로　以爲嚴飾하며　阿

승지종종묘보장엄구　　상현일체청정묘색
僧祇種種妙寶莊嚴具가　常現一切淸淨妙色하며

아승지청정보　　수형이채　　광감영철
阿僧祇淸淨寶에　殊形異彩가　光鑒映徹하니라

아승지보산　　이위원장　　　주잡위요　　　청정
阿僧祇寶山이　以爲垣牆하야　周帀圍遶하야　淸淨

무애　　아승지보향　　기향　　보훈일체세계
無礙하며　阿僧祇寶香에　其香이　普熏一切世界하며

며, 아승지 보배 영락은 낱낱 영락에 백천 보
살이 가장 미묘하게 장엄되었다.

아승지 보배 궁전이 일체를 초과하여 절묘함
이 견줄 데 없고, 아승지 보배 장엄거리가 금
강마니로 장엄되며, 아승지 갖가지 미묘한 보
배 장엄거리가 일체 청정하고 미묘한 빛을 항
상 나타내고, 아승지 청정한 보배는 특수한
형상과 기이한 채색이 비치어 사무쳤다.

아승지 보배 산이 담장이 되어 두루 둘러싸
서 청정하여 걸림이 없고, 아승지 보배 향은
그 향기가 일체 세계에 널리 풍기며, 아승지
보배 변화하는 일은 낱낱 변화하는 일이 법계

아승지보화사　　일일화사　　주변법계　　　아
阿僧祇寶化事에 一一化事가 周徧法界하며 阿

승지보광명　　일일광명　　현일체광
僧祇寶光明에 一一光明이 現一切光하니라

부유아승지보광명　　　청정지광　　조요제
復有阿僧祇寶光明하야 清淨智光이 照了諸

법　　부유아승지무애보광명　　일일광명
法하며 復有阿僧祇無礙寶光明하야 一一光明이

주변법계　　유아승지보처　　일체제보　　개
周徧法界하며 有阿僧祇寶處하야 一切諸寶가 皆

실구족　　아승지보장　　개시일체정법장
悉具足하며 阿僧祇寶藏이 開示一切正法藏

보　　아승지보당　　여래당상　　형연고출
寶하며 阿僧祇寶幢에 如來幢相이 迥然高出하니라

에 두루하고, 아승지 보배 광명은 낱낱 광명이 일체 광명을 나타내었다.

다시 아승지 보배 광명이 있어서 청정한 지혜 광명이 모든 법을 밝게 비추고, 다시 아승지 걸림 없는 보배 광명이 있어서 낱낱 광명이 법계에 두루하며, 아승지 보배 처소가 있어서 일체 모든 보배가 모두 다 구족하고, 아승지 보배 창고가 일체 바른 법장의 보배를 열어 보이며, 아승지 보배 깃대에 여래의 깃대 모양이 우뚝 높이 솟았다.

아승지 보배 현인에 큰 지혜 있는 현인의 형

아승지보현　대지현상　구족청정　　아승
阿僧祇寶賢에 大智賢像이 具足淸淨하며 阿僧

지보원　생제보살삼매쾌락　　아승지보
祇寶園이 生諸菩薩三昧快樂하며 阿僧祇寶

음　여래묘음　보시세간　　아승지보형
音에 如來妙音이 普示世間하며 阿僧祇寶形에

기일일형　개방무량묘법광명
其一一形이 皆放無量妙法光明하니라

아승지보상　기일일상　실초중상　　아승
阿僧祇寶相에 其一一相이 悉超衆相하며 阿僧

지보위의　견자개생보살희락　　아승지보
祇寶威儀에 見者皆生菩薩喜樂하며 阿僧祇寶

취　견자개생지혜보취　　아승지보안주
聚에 見者皆生智慧寶聚하며 阿僧祇寶安住에

견자개생선주보심
見者皆生善住寶心하니라

상이 구족하게 청정하며, 아승지 보배 동산이 모든 보살들의 삼매의 쾌락을 내고, 아승지 보배 음성이 여래의 미묘한 음성을 세간에 널리 보이며, 아승지 보배 형상은 그 낱낱 형상이 모두 한량없는 미묘한 법의 광명을 놓았다.

아승지 보배 모양은 그 낱낱 모양이 모두 온갖 모양을 초월하며, 아승지 보배 위의는 보는 자가 모두 보살의 기쁨과 즐거움을 내고, 아승지 보배 무더기는 보는 자가 모두 지혜 보배 무더기를 내며, 아승지 보배의 편안히 머무름은 보는 자가 모두 잘 머무르는 보배 마음을 내었다.

아승지보의복　　기유착자　　생제보살무비
阿僧祇寶衣服에 其有著者가 生諸菩薩無比

삼매　　아승지보가사　　기유착자　　재시발
三昧하며 阿僧祇寶袈裟에 其有著者가 纔始發

심　　즉득선견다라니문
心에 則得善見陀羅尼門하니라

아승지보수습　　기유견자　　지일체보　　개시
阿僧祇寶修習에 其有見者가 知一切寶가 皆是

업과　　결정청정　　아승지보무애지견　　기
業果로 決定淸淨하며 阿僧祇寶無礙知見에 其

유견자　　득료일체청정법안　　아승지보광
有見者가 得了一切淸淨法眼하며 阿僧祇寶光

장　　기유견자　　즉득성취대지혜장
藏에 其有見者가 則得成就大智慧藏하니라

아승지 보배 의복은 그 입는 자가 모든 보살들의 견줄 데 없는 삼매를 내고, 아승지 보배 가사는 그 입는 자가 비로소 처음 발심하면 곧 선견다라니문을 얻는다.

아승지 보배 닦아 익힘은 그 봄이 있는 자가 일체 보배는 모두 업의 과보로 결정코 청정함을 알며, 아승지 보배 걸림 없는 지견은 그 봄이 있는 자가 일체 청정한 법의 눈을 요달함을 얻으며, 아승지 보배 광명창고는 그 봄이 있는 자가 곧 큰 지혜창고를 성취함을 얻는다.

아승지보좌 　불좌기상 　대사자후 　아
阿僧祇寶座에 佛坐其上하야 大師子吼하며 阿

승지보등 　상방청정지혜광명 　아승지보
僧祇寶燈이 常放淸淨智慧光明하며 阿僧祇寶

다라수 　차제항렬 　요이보승 　장엄청
多羅樹가 次第行列호대 繚以寶繩하야 莊嚴淸

정 　기수 　부유아승지보간 　종신용탁
淨이어든 其樹에 復有阿僧祇寶幹이 從身聳擢하야

단직원결
端直圓潔하나라

아승지보지 　종종중보 　장엄조밀 　부사
阿僧祇寶枝가 種種衆寶로 莊嚴稠密하고 不思

의조 　상집기중 　상토묘음 　선양정법
議鳥가 翔集其中하야 常吐妙音하야 宣揚正法하며

아승지보엽 　방대지광 　변일체처
阿僧祇寶葉이 放大智光하야 徧一切處하나라

아승지 보배 자리에는 부처님께서 그 위에 앉으시어 크게 사자후하시고, 아승지 보배 등불이 항상 청정한 지혜의 광명을 놓으며, 아승지 보배 다라나무가 차례로 줄지었는데 보배 노끈으로 묶어 장엄이 청정하고, 그 나무에 다시 아승지 보배 줄기가 있어 밑동에서 솟아올라 곧고 둥글고 깨끗하였다.

아승지 보배 가지가 갖가지 온갖 보배로 조밀하게 장엄하고, 부사의한 새들이 그 가운데로 날아와 모여서 항상 미묘한 소리를 내어 바른 법을 선양하며, 아승지 보배 잎이 큰 지혜 광명을 놓아 일체 처에 두루하였다.

아승지보화　일일화상　무량보살　결가부
阿僧祇寶華가 一一華上에 無量菩薩이 結跏趺

좌　　변유법계　　아승지보과　견자당득
坐하야 徧遊法界하며 阿僧祇寶果에 見者當得

일체지지　불퇴전과
一切智智의 不退轉果하니라

아승지보취락　　견자사리세취락법　　아승
阿僧祇寶聚落에 見者捨離世聚落法하며 阿僧

지보도읍　무애중생　어중영만　아승지
祇寶都邑에 無礙衆生이 於中盈滿하며 阿僧祇

보궁전　왕처기중　구족보살나라연신
寶宮殿에 王處其中호대 具足菩薩那羅延身하야

용맹견고　피법갑주　심무퇴전
勇猛堅固하고 被法甲冑하야 心無退轉하니라

아승지보사　입자능제연사택심　아승지
阿僧祇寶舍에 入者能除戀舍宅心하며 阿僧祇

아승지 보배 꽃은 낱낱 꽃 위에 한량없는 보살들이 결가부좌하여 법계에 두루 다니며, 아승지 보배 열매는 보는 자가 마땅히 일체지의 지혜에서 퇴전하지 않는 과보를 얻는다.

아승지 보배 취락에는 보는 자가 세상의 취락의 법을 버리어 여의고, 아승지 보배 도읍에는 걸림 없는 중생들이 그 가운데 가득하며, 아승지 보배 궁전에는 왕이 그 가운데 살되 보살의 나라연의 몸을 구족하여 용맹하고 견고하며 법의 갑옷과 투구를 입고 마음이 퇴전하지 않는다.

아승지 보배 집은 들어가는 자가 집을 그리

보의　　착자능령해료무착　　아승지보궁전
寶衣에 著者能令解了無著하며 阿僧祇寶宮殿에

출가보살　　충만기중
出家菩薩이 充滿其中하니라

아승지보진완　　견자함생무량환희　　아승
阿僧祇寶珍玩에 見者咸生無量歡喜하며 阿僧

지보륜　　방부사의지혜광명　　전불퇴
祇寶輪이 放不思議智慧光明하야 轉不退

륜　　아승지보발타수　　인다라망　　장엄청
輪하며 阿僧祇寶跋陀樹에 因陀羅網이 莊嚴清

정
淨하니라

아승지보지　　부사의보　　간착장엄　　아승
阿僧祇寶地에 不思議寶가 閒錯莊嚴하며 阿僧

지보취　　기음청량　　충만법계　　아승지
祇寶吹에 其音清亮하야 充滿法界하며 阿僧祇

워하는 마음을 능히 없애고, 아승지 보배 옷은 입는 자가 능히 밝게 알아서 집착이 없게 하며, 아승지 보배 궁전에는 출가보살들이 그 가운데 가득하였다.

아승지 보배 완구는 보는 자가 모두 한량없는 환희를 내고, 아승지 보배 바퀴는 부사의한 지혜 광명을 놓아 물러나지 않는 법륜을 굴리며, 아승지 보배 발타나무는 인다라망으로 청정하게 장엄하였다.

아승지 보배 땅은 부사의한 보배로 사이사이 장엄하고, 아승지 보배 피리는 그 소리가 맑고 밝아 법계에 충만하며, 아승지 보배 북은 미

보고　묘음극해　　궁겁부절
寶鼓에 妙音克諧하야 窮劫不絶하니라

아승지보중생　　진능섭지무상법보　　아승
阿僧祇寶衆生이 盡能攝持無上法寶하며 阿僧

지보신　구족무량공덕묘보　　아승지보구
祇寶身이 具足無量功德妙寶하며 阿僧祇寶口가

상연일체묘법보음　　아승지보심　구청정
常演一切妙法寶音하며 阿僧祇寶心이 具清淨

의대지원보
意大智願寶하니라

아승지보념　단제우혹　　구경견고일체지
阿僧祇寶念이 斷諸愚惑하야 究竟堅固一切智

보　　아승지보명　송지일체제불법보
寶하며 阿僧祇寶明이 誦持一切諸佛法寶하며

아승지보혜　결료일체제불법장　　아승지
阿僧祇寶慧가 決了一切諸佛法藏하며 阿僧祇

묘한 소리가 잘 어울려 겁이 다하도록 끊이지 않는다.

아승지 보배 중생은 모두 위없는 법보를 능히 거두어 지니고, 아승지 보배 몸은 한량없는 공덕의 미묘한 보배를 구족하며, 아승지 보배 입은 일체 미묘한 법보의 음성을 항상 펴고, 아승지 보배 마음은 청정한 뜻과 큰 지혜와 서원의 보배를 갖추었다.

아승지 보배 생각은 모든 어리석은 미혹을 끊어 구경에 일체지의 보배를 견고히 하고, 아승지 보배 밝음은 일체 모든 부처님의 법보를 외워 지니며, 아승지 보배 지혜는 일체 모든 부처

보지　득대원만일체지보
寶智가 得大圓滿一切智寶하니라

아승지보안　감십력보　무소장애　아
阿僧祇寶眼이 鑒十力寶하야 無所障礙하며 阿

승지보이　청문무량진법계성　청정무애
僧祇寶耳가 聽聞無量盡法界聲하야 清淨無礙하며

아승지보비　상후수순청정보향
阿僧祇寶鼻가 常齅隨順清淨寶香하니라

아승지보설　능설무량제어언법　아승지
阿僧祇寶舌이 能說無量諸語言法하며 阿僧祇

보신　변유시방　이무가애　아승지보
寶身이 徧遊十方호대 而無罣礙하며 阿僧祇寶

의　상근수습보현행원
意가 常勤修習普賢行願하니라

아승지보음　정묘음성　변시방계　아승
阿僧祇寶音에 淨妙音聲이 徧十方界하며 阿僧

님의 법장을 분명히 밝게 알고, 아승지 보배 지혜는 크게 원만한 일체지의 보배를 얻는다.

아승지 보배 눈이 십력의 보배를 보아 장애하는 바가 없고, 아승지 보배 귀가 한량없는 온 법계의 소리를 들어 청정하여 걸림이 없으며, 아승지 보배 코가 수순하는 청정한 보배 향을 항상 맡는다.

아승지 보배 혀가 한량없는 모든 말하는 법을 능히 말하고, 아승지 보배 몸이 시방에 두루 다니되 걸림이 없으며, 아승지 보배 뜻이 보현의 행원을 항상 부지런히 닦아 익힌다.

아승지 보배 음성은 청정하고 묘한 음성이

지보신업　　일체소작　　이지위수　　　아승지
祇寶身業에 一切所作이 以智爲首하며 阿僧祇

보어업　　상설수행무애지보　　　아승지보의
寶語業이 常說修行無礙智寶하며 阿僧祇寶意

업　　득무장애광대지보　　　구경원만
業이 得無障礙廣大智寶하야 究竟圓滿이니라

불자　　보살마하살　　어피일체제불찰중　　어
佛子야 菩薩摩訶薩이 於彼一切諸佛刹中에 於

일불찰일방일처일모단량　　유무량무변불
一佛刹一方一處一毛端量에 有無量無邊不

가설수제대보살　　개실성취청정지혜　　　충
可說數諸大菩薩이 皆悉成就淸淨智慧하야 充

만이주
滿而住니라

시방세계에 두루하며, 아승지 보배 신업은 일체 짓는 바가 지혜로 으뜸을 삼고, 아승지 보배 어업은 항상 수행에 걸림 없는 지혜 보배를 말하며, 아승지 보배 의업은 장애가 없고 광대한 지혜 보배를 얻어 구경에 원만하다.

불자들이여, 보살마하살이 저 일체 모든 부처님 세계 가운데 한 부처님 세계와 한 지방과 한 처소와 한 털끝만 한 곳에 한량없고 가없고 말할 수 없는 수의 모든 큰 보살들이 있어 모두 다 청정한 지혜를 성취하고 가득하게 머무른다.

여일불찰일방일처일모단량　　여시진허공
如一佛刹一方一處一毛端量하야 如是盡虛空

변법계일일불찰일일방일일처일일모단량
徧法界一一佛刹一一方一一處一一毛端量에도

실역여시
悉亦如是하니라

시위보살마하살　　이제선근　　이위회향
是爲菩薩摩訶薩이 以諸善根으로 而爲迴向하야

보원일체제불국토　　실구종종묘보장엄
普願一切諸佛國土에 悉具種種妙寶莊嚴이니라

여보장엄여시광설　　여시향장엄　　화장
如寶莊嚴如是廣說하야 如是香莊嚴과 華莊

한 부처님 세계와 한 지방과 한 처소와 한 털끝만 한 곳과 같이, 이와 같이 온 허공과 법계에 두루한 낱낱 부처님 세계와 낱낱 지방과 낱낱 처소와 낱낱 털끝만 한 곳에서도 모두 또한 이와 같다.

이것이 보살마하살이 모든 선근으로 회향하여 널리 일체 모든 부처님 국토에 모두 갖가지 미묘한 보배의 장엄을 구족하기를 원하는 것이다.

보배 장엄을 이와 같이 널리 말한 것처럼 이

엄   만장엄   도향장엄   소향장엄   말향장
嚴과 鬘莊嚴과 塗香莊嚴과 燒香莊嚴과 末香莊

엄   의장엄   개장엄   당장엄   번장엄   마
嚴과 衣莊嚴과 蓋莊嚴과 幢莊嚴과 幡莊嚴과 摩

니보장엄   차제내지과차백배   개여보장
尼寶莊嚴도 次第乃至過此百倍하야 皆如寶莊

엄여시광설
嚴如是廣說하니라

불자   보살마하살   이법시등소집선근
佛子야 菩薩摩訶薩이 以法施等所集善根으로

위장양일체선근고   회향   위엄정일체불
爲長養一切善根故로 迴向하며 爲嚴淨一切佛

와 같이 향 장엄과 꽃 장엄과 화만 장엄과 바르는 향 장엄과 사르는 향 장엄과 가루향 장엄과 옷 장엄과 일산 장엄과 깃대 장엄과 깃발 장엄과 마니보배 장엄도 차례로 내지 이보다 백 배를 지나고, 모두 보배 장엄처럼 이와 같이 널리 설한다.

불자들이여, 보살마하살이 법을 보시하는 등으로 모은 바 선근으로써 일체 선근을 기르기 위하여 회향하며, 일체 부처님 세계를 청정하게 장엄하기 위하여 회향하며, 일체 중생을

찰고　　회향　　위성취일체중생고　　회향
刹故로 迴向하며 爲成就一切衆生故로 迴向하며

위령일체중생　　개심정부동고　　회향
爲令一切衆生으로 皆心淨不動故로 迴向하나라

위령일체중생　　개입심심불법고　　회향
爲令一切衆生으로 皆入甚深佛法故로 迴向하며

위령일체중생　　개득무능과청정공덕고
爲令一切衆生으로 皆得無能過清淨功德故로

회향　　위령일체중생　　개득불가괴청정
迴向하며 爲令一切衆生으로 皆得不可壞清淨

복력고　　회향　　위령일체중생　　개득무
福力故로 迴向하며 爲令一切衆生으로 皆得無

진지력　　도제중생　　영입불법고　　회향
盡智力하야 度諸衆生하야 令入佛法故로 迴向하나라

위령일체중생　　개득평등무량청정언음고
爲令一切衆生으로 皆得平等無量清淨言音故로

성취시키기 위하여 회향하며, 일체 중생이 모두 마음이 깨끗하여 흔들리지 않게 하기 위하여 회향한다.

일체 중생이 모두 매우 깊은 불법에 들어가게 하기 위하여 회향하며, 일체 중생이 모두 능히 지나갈 이가 없는 청정한 공덕을 얻게 하기 위하여 회향하며, 일체 중생이 모두 깨뜨릴 수 없는 청정한 복력을 얻게 하기 위하여 회향하며, 일체 중생이 모두 다함없는 지혜의 힘을 얻어 모든 중생들을 제도하여 불법에 들어가게 하기 위하여 회향한다.

일체 중생이 모두 평등하고 한량없이 청정한

회향　　위령일체중생　　개득평등무애안
迴向하며 **爲令一切衆生**으로 **皆得平等無礙眼**하야

성취진허공변법계등지혜고　　회향　　위령
成就盡虛空徧法界等智慧故로 **迴向**하며 **爲令**

일체중생　　개득청정념　　지전제겁일체
一切衆生으로 **皆得清淨念**하야 **知前際劫一切**

세계고　회향
世界故로 **迴向**하나라

위령일체중생　　개득무애대지혜　　실능
爲令一切衆生으로 **皆得無礙大智慧**하야 **悉能**

결료일체법장고　　회향　　위령일체중생
決了一切法藏故로 **迴向**하며 **爲令一切衆生**으로

개득무한량대보리　　주변법계　　무소장
皆得無限量大菩提하야 **周徧法界**하야 **無所障**

애고　회향　　위령일체중생　　개득평등
礙故로 **迴向**하며 **爲令一切衆生**으로 **皆得平等**

음성을 얻게 하기 위하여 회향하며, 일체 중생이 모두 평등하고 걸림 없는 눈을 얻어 온 허공과 법계에 두루하는 평등한 지혜를 성취케 하기 위하여 회향하며, 일체 중생이 모두 청정한 생각을 얻어 지나간 겁의 일체 세계를 알게 하기 위하여 회향한다.

일체 중생이 모두 걸림 없는 큰 지혜를 얻어 모두 능히 일체 법장을 통달하게 하기 위하여 회향하며, 일체 중생이 모두 한량없는 큰 보리를 얻어 법계에 두루하여 장애하는 바가 없게 하기 위하여 회향하며, 일체 중생이 모두 평등하여 분별이 없는 동체 선근을 얻게 하기 위하

무분별동체선근고　　회향
無分別同體善根故로 迴向하니라

위령일체중생　　개득일체공덕　　구족장엄
爲令一切衆生으로 皆得一切功德하야 具足莊嚴

청정신어의업고　　회향　　위령일체중생
淸淨身語意業故로 迴向하며 爲令一切衆生으로

개득동어보현행고　　회향　　위령일체중생
皆得同於普賢行故로 迴向하며 爲令一切衆生으로

개득입일체동체청정불찰고　　회향
皆得入一切同體淸淨佛刹故로 迴向하니라

위령일체중생　　실관찰일체지　　개취입
爲令一切衆生으로 悉觀察一切智하야 皆趣入

원만고　　회향　　위령일체중생　　개득원
圓滿故로 迴向하며 爲令一切衆生으로 皆得遠

리불평등선근고　　회향　　위령일체중생
離不平等善根故로 迴向하며 爲令一切衆生으로

여 회향한다.

일체 중생이 모두 일체 공덕을 얻어 청정한 몸과 말과 뜻의 업을 구족하게 장엄케 하기 위하여 회향하며, 일체 중생이 모두 보현과 같은 행을 얻게 하기 위하여 회향하며, 일체 중생이 모두 일체 체성이 같은 청정한 부처님 세계에 들어감을 얻게 하기 위하여 회향한다.

일체 중생이 모두 일체 지혜를 관찰하여 다 원만함에 들어가게 하기 위하여 회향하며, 일체 중생이 모두 불평등을 멀리 여읜 선근을 얻게 하기 위하여 회향하며, 일체 중생이 모두

개득평등무이상심심　　차제원만일체지고
皆得平等無異相深心하야 次第圓滿一切智故로

회향
迴向하니라

위령일체중생　　개득안주일체백법고　회
爲令一切衆生으로 皆得安住一切白法故로 迴

향　　위령일체중생　　개어일념중　증일
向하며 爲令一切衆生으로 皆於一念中에 證一

체지　　득구경고　회향　　위령일체중생
切智하야 得究竟故로 迴向하며 爲令一切衆生으로

개득성만청정일체지도고　회향
皆得成滿淸淨一切智道故로 迴向이니라

불자　보살마하살　이제선근　보위일체
佛子야 菩薩摩訶薩이 以諸善根으로 普爲一切

평등하여 다른 모양이 없는 깊은 마음을 얻어 차례로 일체 지혜를 원만하게 하기 위하여 회향한다.

일체 중생이 모두 일체 선한 법에 편안히 머무름을 얻게 하기 위하여 회향하며, 일체 중생이 모두 한 생각 동안에 일체 지혜를 증득하여 구경을 얻게 하기 위하여 회향하며, 일체 중생이 모두 청정한 일체 지혜의 길을 원만히 이루게 하기 위하여 회향한다.

불자들이여, 보살마하살이 모든 선근으로 널리 일체 중생을 위하여 이와 같이 회향하

중생 여시회향이 부이차선근 욕보
衆生하야 如是迴向已하고 復以此善根으로 欲普

원만연설일체청정행법력고 회향 욕성
圓滿演說一切淸淨行法力故로 迴向하며 欲成

취청정행위력 득불가설불가설법해고
就淸淨行威力하야 得不可說不可說法海故로

회향
迴向하니라

욕어일일법해 구족무량등법계청정지광
欲於一一法海에 具足無量等法界淸淨智光

명고 회향 욕개시연설일체법차별구의
明故로 迴向하며 欲開示演說一切法差別句義

고 회향 욕성취무변광대일체법광명삼
故로 迴向하며 欲成就無邊廣大一切法光明三

매고 회향
昧故로 迴向하니라

고는 다시 이 선근으로 일체 청정한 행을 연
설하는 법력을 널리 원만하게 하려고 회향하
며, 청정한 행의 위력을 성취하여 말할 수 없
이 말할 수 없는 법바다를 얻으려고 회향한
다.

낱낱 법바다에 한량없이 법계와 평등하고 청
정한 지혜 광명을 구족하려고 회향하며, 일체
법의 차별한 문구와 뜻을 열어 보여 연설하려
고 회향하며, 가없고 광대한 일체 법의 광명
삼매를 성취하려고 회향한다.

삼세 모든 부처님의 변재를 수순하려고 회향
하며, 과거와 미래와 현재의 일체 부처님의 자

욕수순삼세제불변재고   회향   욕성취거
欲隨順三世諸佛辯才故_로 迴向_{하며} 欲成就去

래현재일체불자재신고   회향   위존중일
來現在一切佛自在身故_로 迴向_{하며} 爲尊重一

체불가애락무장애법고   회향
切佛可愛樂無障礙法故_로 迴向_{하니라}

위만족대비심   구호일체중생   상무퇴
爲滿足大悲心_{하야} 救護一切衆生_{하야} 常無退

전고   회향   욕성취부사의차별법무장애
轉故_로 迴向_{하며} 欲成就不思議差別法無障礙

지   심무구염   제근청정   보입일체중
智_{하야} 心無垢染_{하고} 諸根淸淨_{하야} 普入一切衆

회도량고   회향
會道場故_로 迴向_{하니라}

욕어일체약복약앙   약추약세   약광약협
欲於一切若覆若仰_과 若麁若細_와 若廣若狹_과

재한 몸을 성취하려고 회향하며, 일체 부처님의 사랑스럽고 장애가 없는 법을 존중하기 위하여 회향한다.

대비심을 만족하고 일체 중생을 구호하여 항상 퇴전치 않게 하기 위하여 회향하며, 부사의하게 차별한 법의 장애가 없는 지혜를 성취하여 마음에 때가 없고 모든 근이 청정하여 일체 대중모임 도량에 널리 들어가려고 회향한다.

일체 엎어지고 잦혀지며 거칠고 미세하며 넓고 좁으며 작고 크며 물들고 청정한 이와 같은 등 모든 부처님 국토에서 평등하고 물러나지

소대염정　여시등제불국토　상전평등불
小大染淨인 如是等諸佛國土에 常轉平等不

퇴법륜고　회향　욕어염념중　득무소외
退法輪故로 迴向하며 欲於念念中에 得無所畏

무유궁진종종변재　묘법광명　개시연설
無有窮盡種種辯才의 妙法光明하야 開示演說

고　회향
故로 迴向하니라

위락구중선　발심수습　제근전승　획
爲樂求衆善하야 發心修習하야 諸根轉勝하야 獲

일체법대신통지　진능요지일체제법고　회
一切法大神通智하야 盡能了知一切諸法故로 迴

향　욕어일체중회도량　친근공양　위일
向하며 欲於一切衆會道場에 親近供養하고 爲一

체중생　연일체법　함령환희고　회향
切衆生하야 演一切法하야 咸令歡喜故로 迴向이니라

않는 법륜을 항상 굴리려고 회향하며, 생각생각 동안에 두려울 바 없고 끝까지 다함이 없는 갖가지 변재의 미묘한 법의 광명을 얻어서 열어 보여 연설하려고 회향한다.

온갖 선을 즐거이 구하기 위하여 발심하고 닦아 익히며 모든 근이 점점 수승하여져서 일체 법에 큰 신통과 지혜를 얻어 일체 모든 법을 다 능히 밝게 알려고 회향하며, 일체 대중 모임 도량에 친근하여 공양하고 일체 중생을 위하여 일체 법을 연설하여 모두 환희케 하려고 회향한다.

불자 보살마하살 우이차선근 여시회
佛子야 菩薩摩訶薩이 又以此善根으로 如是迴

향
向하나니라

소위이주법계무량주회향 이주법계무량
所謂以住法界無量住迴向하며 以住法界無量

신업회향 이주법계무량어업회향 이
身業迴向하며 以住法界無量語業迴向하며 以

주법계무량의업회향
住法界無量意業迴向하니라

이주법계무량색평등회향 이주법계무량
以住法界無量色平等迴向하며 以住法界無量

수상행식평등회향 이주법계무량온평등
受想行識平等迴向하며 以住法界無量蘊平等

회향 이주법계무량계평등회향 이주
迴向하며 以住法界無量界平等迴向하며 以住

불자들이여, 보살마하살이 또 이 선근으로 이와 같이 회향한다.

이른바 법계에 머무른 한량없는 머무름으로 회향하며, 법계에 머무른 한량없는 몸의 업으로 회향하며, 법계에 머무른 한량없는 말의 업으로 회향하며, 법계에 머무른 한량없는 뜻의 업으로 회향한다.

법계에 머무른 한량없는 색이 평등함으로 회향하며, 법계에 머무른 한량없는 수·상·행·식이 평등함으로 회향하며, 법계에 머무른 한량없는 온이 평등함으로 회향하며, 법계에 머무른 한량없는 계가 평등함으로 회향하며, 법계에

법계무량처평등회향
法界無量處平等迴向하나라

이주법계무량내평등회향　이주법계무량
以住法界無量內平等迴向하며 以住法界無量

외평등회향　이주법계무량발기평등회
外平等迴向하며 以住法界無量發起平等迴

향　이주법계무량심심평등회향
向하며 以住法界無量深心平等迴向하나라

이주법계무량방편평등회향　이주법계무
以住法界無量方便平等迴向하며 以住法界無

량신해평등회향　이주법계무량제근평
量信解平等迴向하며 以住法界無量諸根平

등회향　이주법계무량초중후제평등회
等迴向하며 以住法界無量初中後際平等迴

향
向하나라

머무른 한량없는 처가 평등함으로 회향한다.

법계에 머무른 한량없는 안이 평등함으로 회향하며, 법계에 머무른 한량없는 밖이 평등함으로 회향하며, 법계에 머무른 한량없는 발기가 평등함으로 회향하며, 법계에 머무른 한량없는 깊은 마음이 평등함으로 회향한다.

법계에 머무른 한량없는 방편이 평등함으로 회향하며, 법계에 머무른 한량없는 신심과 이해가 평등함으로 회향하며, 법계에 머무른 한량없는 모든 근이 평등함으로 회향하며, 법계에 머무른 한량없는 처음과 중간과 나중이 평등함으로 회향한다.

이주법계무량업보평등회향　　이주법계
以住法界無量業報平等迴向하며 以住法界

무량염정평등회향　　이주법계무량중
無量染淨平等迴向하며 以住法界無量衆

생평등회향　　이주법계무량불찰평등회
生平等迴向하며 以住法界無量佛刹平等迴

향
向하나라

이주법계무량법평등회향　　이주법계무량
以住法界無量法平等迴向하며 以住法界無量

세간광명평등회향　　이주법계무량제불보
世間光明平等迴向하며 以住法界無量諸佛菩

살평등회향　　이주법계무량보살행원평등
薩平等迴向하며 以住法界無量菩薩行願平等

회향
迴向하나라

법계에 머무른 한량없는 업과 과보가 평등함으로 회향하며, 법계에 머무른 한량없는 물들고 깨끗함이 평등함으로 회향하며, 법계에 머무른 한량없는 중생들이 평등함으로 회향하며, 법계에 머무른 한량없는 부처님 세계가 평등함으로 회향한다.

법계에 머무른 한량없는 법이 평등함으로 회향하며, 법계에 머무른 한량없는 세간의 광명이 평등함으로 회향하며, 법계에 머무른 한량없는 모든 부처님과 보살들이 평등함으로 회향하며, 법계에 머무른 한량없는 보살들의 행원이 평등함으로 회향한다.

이주법계무량보살출리평등회향　　이주법
以住法界無量菩薩出離平等迴向하며 以住法

계무량보살교화조복평등회향　　이주법계
界無量菩薩教化調伏平等迴向하며 以住法界

무량법계무이평등회향　　이주법계무량여
無量法界無二平等迴向하며 以住法界無量如

래중회도량평등회향
來衆會道場平等迴向이니라

불자　보살마하살　여시회향시　안주법계
佛子야 菩薩摩訶薩이 如是迴向時에 安住法界

무량평등청정신　　안주법계무량평등청정
無量平等清淨身하며 安住法界無量平等清淨

법계에 머무른 한량없는 보살들의 벗어남이 평등함으로 회향하며, 법계에 머무른 한량없는 보살들의 교화하여 조복함이 평등함으로 회향하며, 법계에 머무른 한량없는 법계가 둘이 없이 평등함으로 회향하며, 법계에 머무른 한량없는 여래의 대중모임 도량이 평등함으로 회향한다.

불자들이여, 보살마하살이 이와 같이 회향할 때에 법계의 한량없이 평등하고 청정한 몸에 편안히 머무르며, 법계의 한량없이 평등하고

어
語하며 安住法界無量平等淸淨心하니라

안주법계무량평등제보살청정행원　안주
安住法界無量平等諸菩薩淸淨行願하며　安住

법계무량평등청정중회도량　안주법계무
法界無量平等淸淨衆會道場하며　安住法界無

량평등위일체보살광설제법청정지
量平等爲一切菩薩廣說諸法淸淨智하니라

안주법계무량평등능입진법계일체세계
安住法界無量平等能入盡法界一切世界

신　안주법계무량평등일체법광명청
身하며　安住法界無量平等一切法光明淸

정무외　능이일음　진단일체중생의망
淨無畏하야 能以一音으로 盡斷一切衆生疑網하고

수기근욕　개령환희　주어무상일체종
隨其根欲하야 皆令歡喜하야 住於無上一切種

청정한 말에 편안히 머무르며, 법계의 한량없이 평등하고 청정한 마음에 편안히 머무른다.

법계의 한량없이 평등한 모든 보살들의 청정한 행원에 편안히 머무르며, 법계의 한량없이 평등하고 청정한 대중모임 도량에 편안히 머무르며, 법계의 한량없이 평등하여 일체 보살을 위해 모든 법을 널리 설하는 청정한 지혜에 편안히 머무른다.

법계의 한량없이 평등하여 온 법계 일체 세계에 능히 들어가는 몸에 편안히 머무르며, 법계의 한량없이 평등한 일체 법의 광명이 청정하여 두려움 없음에 편안히 머무른다.

지　　역무소외　　자재신통　　광대공덕출리법
智의 **力無所畏**와 **自在神通**의 **廣大功德出離法**

중
中이니라

불자　　시위보살마하살　　제십주등법계무
佛子야 **是爲菩薩摩訶薩**의 **第十住等法界無**

량회향
量迴向이니라

보살마하살　　이법시등일체선근　　여시회
菩薩摩訶薩이 **以法施等一切善根**으로 **如是迴**

능히 한 소리로 일체 중생의 의심그물을 다 끊고 그 근성과 욕망을 따라 다 환희하게 하여 위없는 일체종지와 힘과 두려울 바 없음과 자재와 신통의 광대한 공덕과 벗어나는 법에 머무른다.

불자들이여, 이것이 보살마하살의 열째 평등한 법계에 머무르는 한량없는 회향이다.

보살마하살이 법을 보시하는 등의 일체 선근으로 이와 같이 회향할 때에 보현의 한량없고

향시　　성만보현무량무변보살행원　　실능
向時에 成滿普賢無量無邊菩薩行願하야 悉能

엄정진허공등법계일체불찰
嚴淨盡虛空等法界一切佛刹하니라

영일체중생　　역득여시　　구족성취무변
令一切衆生으로 亦得如是하야 具足成就無邊

지혜　　요일체법　　어염념중　　견일체불
智慧하야 了一切法하며 於念念中에 見一切佛이

출흥어세　　어염념중　　견일체불　　무량무
出興於世하고 於念念中에 見一切佛의 無量無

변자재력
邊自在力하나니라

소위광대자재력　　무착자재력　　무애자재
所謂廣大自在力과 無著自在力과 無礙自在

력　　부사의자재력　　정일체중생자재력　　입
力과 不思議自在力과 淨一切衆生自在力과 立

가없는 보살의 행원을 원만하게 이루어서 온 허공과 평등한 법계의 일체 부처님 세계를 모두 능히 청정하게 장엄한다.

일체 중생으로 하여금 또한 이와 같이 하여 가없는 지혜를 구족하게 성취하여 일체 법을 밝게 알며, 생각생각 동안에 일체 부처님께서 세상에 출현하심을 보며, 생각생각 동안에 일체 부처님의 한량없고 가없이 자재한 힘을 보게 한다.

이른바 광대하게 자재한 힘과, 집착 없이 자재한 힘과, 걸림 없이 자재한 힘과, 부사의하게 자재한 힘과, 일체 중생을 청정케 하는 자재한 힘과, 일체 세계를 건립하는 자재한 힘과,

일체세계자재력 현불가설어언자재력
一切世界自在力과 現不可說語言自在力이니라

수시응현자재력 주불퇴전신통지자재력
隨時應現自在力과 住不退轉神通智自在力과

연설일체무변법계 비무유여자재력 출
演說一切無邊法界하야 俾無有餘自在力과 出

생보현보살무변제안자재력
生普賢菩薩無邊際眼自在力이니라

이무애이식 문지무량제불정법자재력
以無礙耳識으로 聞持無量諸佛正法自在力과

일신 결가부좌 주변시방무량법계
一身이 結跏趺坐하야 周徧十方無量法界호대

어제중생 무소박애자재력 이원만지 보
於諸衆生에 無所迫隘自在力과 以圓滿智로 普

입삼세무량법자재력
入三世無量法自在力이니라

말할 수 없는 말을 나타내는 자재한 힘이다.

때를 따라 응하여 나타내는 자재한 힘과, 퇴전하지 않는 신통과 지혜에 머무르는 자재한 힘과, 일체 가없는 법계를 연설하여 남음이 없게 하는 자재한 힘과, 보현 보살의 끝없는 눈을 내는 자재한 힘이다.

걸림 없는 이식으로 한량없는 모든 부처님의 정법을 듣고 지니는 자재한 힘과, 한 몸이 결가부좌하고 시방의 한량없는 법계에 두루하되 모든 중생들에게 비좁지 않게 하는 자재한 힘과, 원만한 지혜로 삼세의 한량없는 법에 널리 들어가는 자재한 힘이다.

우득무량청정　　　소위일체중생청정　　일
又得無量淸淨하나니 所謂一切衆生淸淨과 一

체불찰청정　　일체법청정　　일체처변지지
切佛刹淸淨과 一切法淸淨과 一切處徧知智

청정　　변허공계무변지청정　　득일체차별
淸淨과 徧虛空界無邊智淸淨과 得一切差別

언음지　　이종종언음　　　보응중생청정
言音智하야 以種種言音으로 普應衆生淸淨과

방무량원만광　　보조일체무변세계청정
放無量圓滿光하야 普照一切無邊世界淸淨이니라

출생일체삼세보살행지청정　　일념중　　보
出生一切三世菩薩行智淸淨과 一念中에 普

입삼세일체제불중회도량지청정　　입무변
入三世一切諸佛衆會道場智淸淨과 入無邊

일체세간　　영일체중생　　개작소응작청
一切世間하야 令一切衆生으로 皆作所應作淸

또 한량없는 청정을 얻으니 이른바 일체 중생의 청정과, 일체 부처님 세계의 청정과, 일체 법의 청정과, 일체 처소를 두루 아는 지혜의 청정과, 허공계에 두루한 가없는 지혜의 청정과, 일체 차별한 음성의 지혜를 얻어 갖가지 말로써 널리 중생들에게 응하는 청정과, 한량없이 원만한 광명을 놓아 일체 가없는 세계를 널리 비추는 청정이다.

일체 삼세의 보살행을 출생하는 지혜의 청정과, 한 생각 동안에 삼세 일체 모든 부처님의 대중모임 도량에 널리 들어가는 지혜의 청정과, 가없는 일체 세간에 들어가서 일체 중생으

정
淨이라

여시등　개득구족　　개득성취　　개이수
如是等이 皆得具足하며 皆得成就하며 皆已修

치　　개득평등　　개실현전　　개실지견
治하며 皆得平等하며 皆悉現前하며 皆悉知見하며

개실오입　　개이관찰　　개득청정　　도어
皆悉悟入하며 皆已觀察하며 皆得淸淨하야 到於

피안
彼岸이니라

이시　불신력고　시방각백만불찰미진수
爾時에 佛神力故로 十方各百萬佛刹微塵數

로 하여금 모두 마땅히 지을 바를 짓게 하는 청정이다.

이와 같은 등을 모두 구족하고, 모두 성취하며, 모두 이미 닦아 다스리고, 모두 평등하며, 모두 다 앞에 나타나고, 모두 다 알고 보며, 모두 다 깨달아 들어가고, 모두 이미 관찰하며, 모두 청정하여 피안에 이른다."

그때에 부처님의 위신력으로 시방에 각각 백만 부처님 세계 미진수의 세계가 여섯 가지로 진동하였다.

세계　육종진동
世界가 六種震動하나라

소위동　변동　등변동　기　변기　등변
所謂動과 徧動과 等徧動과 起와 徧起와 等徧

기　용　변용　등변용　진　변진　등변
起와 踊과 徧踊과 等徧踊과 震과 徧震과 等徧

진　후　변후　등변후　격　변격　등변
震과 吼와 徧吼와 等徧吼와 擊과 徧擊과 等徧

격
擊이니라

불신력고　법여시고　우중천화　천만　천
佛神力故며 法如是故로 雨衆天華와 天鬘과 天

말향　천제잡향　천의복　천진보　천장엄
末香과 天諸雜香과 天衣服과 天珍寶와 天莊嚴

구　천마니보　천침수향　천전단향　천상
具와 天摩尼寶와 天沈水香과 天栴檀香과 天上

이른바 흔들흔들하고 두루 흔들흔들하고 온통 두루 흔들흔들하며, 들먹들먹하고 두루 들먹들먹하고 온통 두루 들먹들먹하며, 울쑥불쑥하고 두루 울쑥불쑥하고 온통 두루 울쑥불쑥하며, 우르르하고 두루 우르르하고 온통 두루 우르르하며, 와르릉하고 두루 와르릉하고 온통 두루 와르릉하며, 와지끈하고 두루 와지끈하고 온통 두루 와지끈하였다.

부처님의 위신력인 까닭이며 법이 이와 같은 까닭으로, 온갖 하늘 꽃과 하늘 화만과 하늘 가루향과 하늘 모든 여러 가지 향과 하늘 의복과 하늘 진귀한 보배와 하늘 장엄거리와 하

묘개　　천종종당　　천잡색번
妙蓋와 天種種幢과 天雜色幡하니라

아승지제천신　　무량백천억불가설천묘법
阿僧祇諸天身과 無量百千億不可說天妙法

음　　불가사의천찬불음　　아승지천환희음
音과 不可思議天讚佛音과 阿僧祇天歡喜音으로

함칭선재
咸稱善哉라하니라

무량아승지백천나유타제천　　공경예배
無量阿僧祇百千那由他諸天이 恭敬禮拜하며

무수천자　　상념제불　　희구여래무량공
無數天子가 常念諸佛하야 希求如來無量功

덕　　심불사리
德하야 心不捨離하니라

무수천자　　작중기악　　가영찬탄　　공양
無數天子가 作衆妓樂하야 歌詠讚歎하야 供養

늘 마니보배와 하늘 침수향과 하늘 전단향과
하늘의 가장 미묘한 일산과 하늘 갖가지 깃대
와 하늘 여러 가지 색의 깃발을 비내렸다.

아승지 모든 하늘의 몸과 한량없는 백천억
말할 수 없는 하늘의 미묘한 법문 음성과 불
가사의한 하늘의 부처님을 찬탄하는 음성과
아승지 하늘의 환희한 음성으로 모두 '훌륭하
다'라고 칭찬하였다.

한량없는 아승지 백천 나유타 모든 하늘이
공경히 예배하며, 수없는 천자들이 항상 모든
부처님을 생각하며, 여래의 한량없는 공덕을
희구하여 마음에서 떠나지 않았다.

여래　　백천아승지제천　　방대광명　　　보
如來하며 百千阿僧祇諸天이 放大光明하야 普

조진허공변법계일체불찰　　　현무량아승지
照盡虛空徧法界一切佛刹하야 現無量阿僧祇

제불경계　여래화신　출과제천
諸佛境界에 如來化身이 出過諸天이니라

여어차세계도솔타천궁　　설여시법　　　주변
如於此世界兜率陀天宮에 說如是法하야 周徧

시방일체세계도솔천궁　　실역여시
十方一切世界兜率天宮에도 悉亦如是하니라

이시　부이불신력고　시방각과백만불찰
爾時에 復以佛神力故로 十方各過百萬佛刹

수없는 천자들이 온갖 기악을 지어서 노래하고 찬탄하여 여래께 공양올리고, 백천 아승지 모든 하늘이 큰 광명을 놓아 온 허공과 법계에 두루한 일체 부처님 세계를 널리 비추어, 한량없는 아승지 모든 부처님 경계를 나타냄에 여래의 화신이 모든 하늘보다 뛰어났다.

이 세계의 도솔타천궁에서 이와 같은 법을 설하는 것처럼 시방에 두루한 일체 세계의 도솔천궁에서도 모두 또한 이와 같았다.

그때에 다시 부처님의 위신력인 까닭으로 시

미진수세계외　　각유백만불찰미진수제보
微塵數世界外하야　各有百萬佛刹微塵數諸菩

살　이래집회　　주변시방　　함작시언
薩이　而來集會하사　周徧十方하야　咸作是言하시니라

선재선재　　불자　내능설차제대회향　　불
善哉善哉라　佛子야　乃能說此諸大迴向이여　佛

자　아등　개동일호　　명금강당　　실종금
子야　我等이　皆同一号니　名金剛幢이라　悉從金

강광세계금강당불소　　내예차토
剛光世界金剛幢佛所하야　來詣此土하니라

피제세계　　실이불신력고　　이설시법　　중
彼諸世界도　悉以佛神力故로　而說是法하며　衆

회권속　문사구의　　개역여시　　부증불
會眷屬과　文辭句義도　皆亦如是하야　不增不

감　아등　개승불신력　　종피토래　　위
減이라　我等이　皆承佛神力하고　從彼土來하야　爲

방에 각각 백만 부처님 세계 미진수의 세계 밖을 지나서 각각 백만 부처님 세계 미진수 모든 보살들이 와서 모이어 시방에 두루하고 모두 이 말을 하였다.

"훌륭하고 훌륭합니다. 불자여, 이에 이 모든 큰 회향을 능히 설하였습니다. 불자여, 우리들은 다 동일한 이름으로 '금강당'이라고 합니다. 모두 금강광세계의 금강당 부처님 처소에서 이 국토에 왔습니다.

그 모든 세계에서도 모두 부처님의 위신력인 까닭으로 이 법을 설하며, 대중모임 권속과 글과 문구와 뜻도 다 또한 이와 같아서 더하지

여작증
汝作證하니라

여아래차중회위여작증   시방소유일체세
如我來此衆會爲汝作證하야 **十方所有一切世**

계도솔천궁보장엄전   제보살중   내위작
界兜率天宮寶莊嚴殿에 **諸菩薩衆**이 **來爲作**

증   역부여시
證도 **亦復如是**하니라

이시   금강당보살   승불신력   관찰시방
爾時에 **金剛幢菩薩**이 **承佛神力**하사 **觀察十方**

일체중회   기우법계이   선지문의   증
一切衆會와 **暨于法界已**하고 **善知文義**하사 **增**

도 않고 덜하지도 않습니다. 우리들은 다 부처님의 위신력을 받들어 그 국토에서 와서 그대를 위하여 증명합니다.

우리들이 이 대중모임에 와서 그대를 위하여 증명하듯이, 시방에 있는 일체 세계 도솔천궁의 보장엄전에 모든 보살대중들이 와서 증명함도 또한 다시 이와 같습니다."

그때에 금강당 보살이 부처님의 위신력을 받들어 시방의 일체 대중모임과 및 법계를 관찰하고는, 글과 뜻을 잘 알고 광대한 마음을 증

광대심　　　대비보부일체중생　　　계심안주
廣大心하야 大悲普覆一切衆生하며 繫心安住

삼세불종　　선입일체불공덕법　　　성취제
三世佛種하며 善入一切佛功德法하며 成就諸

불자재지신
佛自在之身하나라

관제중생심지소락　　급기소종일체선근
觀諸衆生心之所樂과 及其所種一切善根하사

실분별지　　　수순법신　　위현청정묘색지
悉分別知하며 隨順法身하야 爲現淸淨妙色之

신　　즉어시시　　이설송왈
身하고 卽於是時에 而說頌曰

장하여 대비로 일체 중생을 널리 덮어서 마음을 묶어 삼세 부처님의 종성에 편안히 머무르며, 일체 부처님의 공덕법에 잘 들어가서 모든 부처님의 자재한 몸을 성취하였다.

모든 중생들 마음이 좋아하는 것과 그리고 그 심은 바 일체 선근을 관찰하여 모두 분별해 알며, 법신을 수순하여 청정하고 미묘한 색의 몸을 나타내고, 곧 이때에 게송을 설하여 말씀하였다.

보살성취법지혜
菩薩成就法智慧하야

오해무변정법문
悟解無邊正法門하고

위법광명조어사
爲法光明調御師하야

요지무애진실법
了知無礙眞實法이로다

보살위법대도사
菩薩爲法大導師하야

개시심심난득법
開示甚深難得法하고

인도시방무량중
引導十方無量衆하야

실령안주정법중
悉令安住正法中이로다

보살이음불법해
菩薩已飮佛法海하고

법운보우시방계
法雲普雨十方界하며

법일출현어세간
法日出現於世間하야

천양묘법이군생
闡揚妙法利群生이로다

보살이 법의 지혜를 성취하여

가없는 바른 법문을 깨달아 알고

법 광명의 조어사가 되어

걸림 없는 진실한 법을 밝게 알도다.

보살이 법의 대도사가 되어

매우 깊고 얻기 어려운 법을 열어 보이고

시방의 한량없는 중생들을 인도하여서

모두 정법에 편안히 머무르게 하도다.

보살이 이미 불법의 바다를 마시고

법의 구름이 시방세계에 널리 비내리며

법의 태양이 세간에 출현하여서

묘법을 드날려 중생들을 이익케 하도다.

상위난우법시주
常爲難遇法施主하야

요지입법교방편
了知入法巧方便하니

법광청정조기심
法光淸淨照其心이라

어세설법항무외
於世說法恒無畏로다

선수어법자재심
善修於法自在心하야

실능오입제법문
悉能悟入諸法門하며

성취심심묘법해
成就甚深妙法海하야

보위중생격법고
普爲衆生擊法鼓로다

선설심심희유법
宣說甚深希有法하야

이법장양제공덕
以法長養諸功德하며

구족청정법희심
具足淸淨法喜心하야

시현세간불법장
示現世間佛法藏이로다

언제나 만나기 어려운 법의 시주가 되어
법에 들어가는 교묘한 방편을 밝게 알고
법의 광명이 청정하게 그 마음을 비추니
세상에서 법을 설하되 항상 두려움이 없도다.

법에 자재한 마음을 잘 닦아서
모두 능히 모든 법문에 깨달아 들어가며
매우 깊고 묘한 법의 바다를 성취하여
널리 중생들을 위하여 법의 북을 치도다.

매우 깊고 희유한 법을 선설하여
법으로 모든 공덕을 기르며
청정한 법에 기쁜 마음을 구족하여
세간에 부처님의 법장을 나타내 보이도다.

제불법왕소관정
諸佛法王所灌頂으로

성취법성지장신
成就法性智藏身하고

실능해료법실상
悉能解了法實相하야

안주일체중선법
安住一切衆善法이로다

보살수행제일시
菩薩修行第一施하니

일체여래소찬희
一切如來所讚喜라

소작개몽불인가
所作皆蒙佛忍可하야

이차성취인중존
以此成就人中尊이로다

보살성취묘법신
菩薩成就妙法身하니

친종제불법화생
親從諸佛法化生이라

위리중생작법등
爲利衆生作法燈하야

연설무량최승법
演說無量最勝法이로다

모든 부처님 법왕께서 관정하신 바로
법의 성품인 지혜창고의 몸을 성취하고
법의 진실한 모양을 다 능히 밝게 깨달아
일체의 온갖 선한 법에 편안히 머물렀도다.

보살이 제일가는 보시를 닦아 행하니
일체 여래의 기쁘게 칭찬하시는 바라
하는 일 모두 부처님의 인가를 받으니
이로써 사람 가운데 존귀한 이를 이루었도다.

보살이 묘한 법신을 성취하여
친히 모든 부처님의 법으로부터 변화하여 나고
중생들을 이익케 하기 위하여 법의 등불이 되어
한량없는 가장 수승한 법을 연설하도다.

수소수행묘법시
隨所修行妙法施하야

즉역관찰피선근
則亦觀察彼善根하고

소작중선위중생
所作衆善爲衆生하야

실이지혜이회향
悉以智慧而迴向이로다

소유성불공덕법
所有成佛功德法을

실이회시제군생
悉以迴施諸群生하고

원령일체개청정
願令一切皆淸淨하야

도불장엄지피안
到佛莊嚴之彼岸이로다

시방불찰무유량
十方佛刹無有量에

실구무량대장엄
悉具無量大莊嚴하니

여시장엄불가사
如是莊嚴不可思로

진이장엄일국토
盡以莊嚴一國土로다

수행하는 바를 따라 묘한 법을 보시하고

또한 저 선근을 관찰하며

지은 바 온갖 선을 중생들을 위하여

모두 지혜로써 회향하도다.

있는 바 성불하는 공덕의 법을

모두 돌리어 모든 중생들에게 베푸니

원컨대 일체가 다 청정하여

부처님의 장엄인 피안에 이르게 하여지이다.

시방의 부처님 세계가 한량이 없고

모두 한량없는 큰 장엄을 구족하니

이와 같은 불가사의한 장엄으로

모두 한 국토를 장엄하도다.

여래소유청정지
如來所有淸淨智를

원령중생개구족
願令衆生皆具足호대

유여보현진불자
猶如普賢眞佛子하야

일체공덕자장엄
一切功德自莊嚴이로다

성취광대신통력
成就廣大神通力하고

왕예세계실주변
往詣世界悉周徧하야

일체중생무유여
一切衆生無有餘하야

개사수행보살도
皆使修行菩薩道로다

제불여래소개오
諸佛如來所開悟한

시방무량제중생
十方無量諸衆生으로

일체개령여보현
一切皆令如普賢하야

구족수행최상행
具足修行最上行이로다

여래께서 지니신 청정한 지혜를
원컨대 중생들이 다 구족하여
마치 참다운 불자인 보현과 같이
일체 공덕으로 스스로 장엄케 하여지이다.

광대한 신통력을 성취하고
세계에 나아가 모두 두루하여
일체 중생이 남음 없이
모두 보살도를 수행케 하도다.

모든 부처님 여래께서 깨달으신 바를
시방의 한량없는 모든 중생들이
일체가 다 보현과 같이
최상의 행을 구족히 수행케 하도다.

제불보살소성취
諸佛菩薩所成就한

종종차별제공덕
種種差別諸功德이여

여시공덕무유변
如是功德無有邊을

원사중생실원만
願使衆生悉圓滿이로다

보살구족자재력
菩薩具足自在力하야

소응학처개왕학
所應學處皆往學하고

시현일체대신통
示現一切大神通하야

보예시방무량토
普詣十方無量土로다

보살능어일념경
菩薩能於一念頃에

근등중생무수불
觀等衆生無數佛하고

우부어일모단중
又復於一毛端中에

진섭제법개명견
盡攝諸法皆明見이로다

모든 부처님과 보살들이 성취하신 바

갖가지 차별한 모든 공덕이여

이와 같이 가없는 공덕을

중생들이 모두 원만하게 하기를 원하도다.

보살들이 자재한 힘을 구족하여

마땅히 배울 것은 모두 가서 배우고

일체 큰 신통을 나타내 보이며

널리 시방의 한량없는 국토에 나아가도다.

보살이 능히 한 생각 사이에

중생과 같은 무수한 부처님을 뵙고

또 다시 한 털끝만 한 가운데

모든 법을 다 거두어 모두 분명히 보도다.

세간중생무유량
世間衆生無有量_{이어늘} 보살실능분별지
菩薩悉能分別知_{하며}

제불무량등중생
諸佛無量等衆生_{이어늘} 대심공양함령진
大心供養咸令盡_{이로다}

종종명향상묘화
種種名香上妙華_와 중보의상급번개
衆寶衣裳及幡蓋_를

분포법계함충만
分布法界咸充滿_{하야} 발심보공시방불
發心普供十方佛_{이로다}

일모공중실명견
一毛孔中悉明見 부사의수무량불
不思議數無量佛_{하며}

일체모공개여시
一切毛孔皆如是_{하야} 보례일체세간등
普禮一切世間燈_{이로다}

세간의 중생들이 한량없는데
보살이 모두 능히 분별하여 알고
모든 부처님 한량없으심이 중생들 같거늘
큰마음으로 공양올려 모두 다하게 하도다.

갖가지 이름난 향과 가장 미묘한 꽃과
온갖 보배 의상과 그리고 깃발과 일산이
법계에 분포해 모두 충만하여
마음 내어 널리 시방의 부처님께 공양올리도다.

한 모공 속에서 모두
부사의한 수의 한량없는 부처님을 밝게 보며
일체 모공도 다 이와 같아서
일체 세간의 등불께 널리 예배하도다.

거신차제공경례
舉身次第恭敬禮

여시무변제최승
如是無邊諸最勝하고

역이언사보칭찬
亦以言辭普稱讚하야

궁진미래일체겁
窮盡未來一切劫이로다

일여래소공양구
一如來所供養具가

기수무량등중생
其數無量等衆生이어늘

여시공양일여래
如是供養一如來하고

일체여래역부연
一切如來亦復然이로다

공양찬탄제여래
供養讚歎諸如來를

진피세간일체겁
盡彼世間一切劫하니

세간겁수가종진
世間劫數可終盡이어니와

보살공양무휴해
菩薩供養無休懈로다

이와 같이 가없는 모든 가장 수승한 분께
온몸으로 차례차례 공경히 예배하고
또한 말로써 널리 칭찬하기를
미래 일체 겁을 끝까지 다하도다.

한 여래 처소의 공양거리가
그 수가 한량없어 중생들과 같거늘
이와 같이 한 여래께 공양올리고
일체 여래께도 또한 다시 그렇게 하도다.

모든 여래께 공양올리고 찬탄하기를
저 세간의 일체 겁을 다하니
세간의 겁 수는 마침내 다하거니와
보살의 공양은 쉬거나 게으름이 없도다.

일체세간종종겁
一切世間種種劫이여

어이소겁수제행
於爾所劫修諸行하야

공경공양일여래
恭敬供養一如來호대

진일체겁무염족
盡一切劫無厭足이로다

여무량겁공일불
如無量劫供一佛하야

공일체불개여시
供一切佛皆如是호대

역불분별시겁수
亦不分別是劫數하야

어소공양생피염
於所供養生疲厭이로다

법계광대무변제
法界廣大無邊際를

보살관찰실명료
菩薩觀察悉明了하고

이대연화변포중
以大蓮華徧布中하야

시등중생무량불
施等衆生無量佛이로다

일체 세간의 갖가지 겁이여

그러한 겁 동안에 모든 행을 닦아서

한 여래께 공경하고 공양올리기를

일체 겁이 다하도록 만족해 싫어함이 없도다.

한량없는 겁에 한 부처님께 공양올리듯이

일체 부처님께 공양올림도 다 이와 같되

또한 이 겁의 수를 분별하여

공양올림에 피로해하거나 싫어함을 내지 않도다.

법계가 광대하여 끝이 없음을

보살이 관찰하여 모두 분명히 알고

큰 연꽃을 그 가운데 두루 펴서

중생처럼 한량없는 부처님께 공양올리도다.

보화향색개원만
寶華香色皆圓滿하고

청정장엄심미묘
清淨莊嚴甚微妙하야

일체세간무가유
一切世間無可諭로

지이공양인중존
持以供養人中尊이로다

중생수등무량찰
衆生數等無量刹에

제묘보개만기중
諸妙寶蓋滿其中으로

실이공양일여래
悉以供養一如來하고

공일체불개여시
供一切佛皆如是로다

도향무비최수승
塗香無比最殊勝이라

일체세간미증유
一切世間未曾有어늘

이차공양천인사
以此供養天人師호대

궁진중생수등겁
窮盡衆生數等劫이로다

보배 꽃의 향과 색이 다 원만하고
청정한 장엄도 매우 미묘하여
일체 세간에서 비유할 것이 없으므로
가져서 사람 가운데 존귀한 분께 공양올리도다.

중생 수와 같은 한량없는 세계에
모든 미묘한 보배 일산이 그 속에 가득한데
모두 한 여래께 공양올리고
일체 부처님께 공양올림도 다 이와 같도다.

바르는 향이 견줄 데 없이 가장 수승하여
일체 세간에 일찍이 있지 않았거늘
이것으로 천인사께 공양올리기를
중생 수 같은 겁을 끝까지 다함이로다.

말향소향상묘화
末香燒香上妙華와

중보의복장엄구
衆寶衣服莊嚴具로

여시공양제최승
如是供養諸最勝호대

환희봉사무염족
歡喜奉事無厭足이로다

등중생수조세등
等衆生數照世燈이

염념성취대보리
念念成就大菩提하고

역이무변게칭술
亦以無邊偈稱述하야

공양인중조어자
供養人中調御者로다

여중생수불세존
如衆生數佛世尊에

개수무상묘공양
皆修無上妙供養하고

여중생수무량겁
如衆生數無量劫에

여시찬탄무궁진
如是讚歎無窮盡이로다

가루향과 사르는 향과 가장 미묘한 꽃과
온갖 보배 의복과 장엄거리로 이와 같이
모든 가장 수승한 분께 공양올리며
환희하고 받들어 섬김에 싫어함이 없도다.

중생 수 같은 세간을 비추는 등불이
생각생각에 큰 보리를 성취하고
또한 가없는 게송으로 일컬어
사람 가운데 조어하는 분께 공양올리도다.

중생의 수와 같은 부처님 세존께
다 위없는 미묘한 공양을 올리고
중생 수와 같은 한량없는 겁 동안
이와 같이 찬탄하여 끝까지 다함이 없도다.

여시공양제불시
如是供養諸佛時에

이불신력개주변
以佛神力皆周徧하야

실견시방무량불
悉見十方無量佛하고

안주보현보살행
安住普賢菩薩行이로다

과거미래급현재
過去未來及現在에

소유일체제선근
所有一切諸善根이여

영아상수보현행
令我常修普賢行하야

속득안주보현지
速得安住普賢地로다

일체여래소지견
一切如來所知見인

세간무량제중생
世閒無量諸衆生으로

실원구족여보현
悉願具足如普賢일새

위총혜자소칭찬
爲聰慧者所稱讚이로다

이와 같이 모든 부처님께 공양올릴 때

부처님의 위신력으로 모두 두루하여

시방의 한량없는 부처님을 다 친견하고

보현의 보살행에 편안히 머무르도다.

과거와 미래와 그리고 현재에

있는 바 일체 모든 선근이여

나에게 항상 보현행을 닦아서

속히 보현의 지위에 편안히 머무르게 하도다.

일체 여래께서 알고 보시는 바

세간의 한량없는 모든 중생들이

모두 원컨대 보현처럼 구족하여서

총명한 분의 칭찬하는 바가 되어지이다.

차시시방제대사
此是十方諸大士의

공소수치회향행
共所修治迴向行이라

제불여래위아설
諸佛如來爲我說하시니

차회향행최무상
此迴向行最無上이로다

시방세계무유여
十方世界無有餘한

기중일체제중생
其中一切諸衆生을

막불함령득개각
莫不咸令得開覺하야

실사상여보현행
悉使常如普賢行이로다

여기회향행보시
如其迴向行布施하고

역부견지어금계
亦復堅持於禁戒하며

정진장시무퇴겁
精進長時無退怯하고

인욕유화심부동
忍辱柔和心不動하도다

이것이 시방의 모든 대사들이
함께 닦아 다스리는 바 회향행이라
모든 부처님 여래께서 나를 위해 설하시니
이것이 가장 위없는 회향행이로다.

남음 없는 시방세계의
그 가운데 일체 모든 중생들을
모두 깨달음을 얻게 하지 않음이 없어
모두 언제나 보현행과 같게 하도다.

그 회향과 같이 보시를 행하고
또한 다시 금계도 굳게 지니며
정진하여 오랜 시간 겁내어 물러남이 없고
인욕하고 유화하여 마음이 흔들리지 않도다.

선정지심상일연
禪定持心常一緣하고

지혜요경동삼매
智慧了境同三昧하야

거래현재개통달
去來現在皆通達하니

세간무유득기변
世間無有得其邊이로다

보살신심급어업
菩薩身心及語業의

여시소작개청정
如是所作皆淸淨하며

일체수행무유여
一切修行無有餘하야

실여보현보살등
悉與普賢菩薩等이로다

비여법계무분별
譬如法界無分別하야

희론염착개영진
戱論染著皆永盡하며

역여열반무장애
亦如涅槃無障礙하야

심상여시이제취
心常如是離諸取로다

선정으로 마음이 항상 하나의 연을 잡고
지혜로 아는 경계가 삼매와 같아
과거와 미래와 현재를 다 통달하니
세간에서 그 끝을 얻음이 없도다.

보살의 몸과 마음과 그리고 말로 짓는 업의
이와 같이 짓는 바가 다 청정하며
일체를 닦아 행하여 남음이 없어서
모두 보현 보살과 더불어 평등하도다.

비유하면 법계가 분별이 없듯이
희론과 염착을 모두 길이 다하고
또한 열반이 장애가 없듯이
마음도 항상 이와 같이 모든 취착을 여의었도다.

지자소유회향법
智者所有迴向法을

제불여래이개시
諸佛如來已開示하시니

종종선근실회향
種種善根悉迴向일새

시고능성보살도
是故能成菩薩道로다

불자선학차회향
佛子善學此迴向하야

무량행원실성만
無量行願悉成滿하야

섭취법계진무여
攝取法界盡無餘일새

시고능성선서력
是故能成善逝力이로다

약욕성취불소설
若欲成就佛所說

보살광대수승행
菩薩廣大殊勝行인댄

의응선주차회향
宜應善住此迴向이니

시제불자호보현
是諸佛子号普賢이로다

지혜로운 자의 있는 바 회향하는 법을
모든 부처님 여래께서 이미 열어 보이셔서
갖가지 선근을 모두 회향하였으니
그러므로 능히 보살의 도를 이루었도다.

불자들이 이 회향을 잘 배워서
한량없는 행원을 모두 원만히 이루어
법계를 거두어들여 다 남음이 없으니
그러므로 선서의 힘을 능히 이루었도다.

만약 부처님께서 설하신 바
보살의 광대하고 수승한 행을 성취하려면
마땅히 이 회향에 잘 머무를지니
이 모든 불자들을 보현이라 이름하리라.

일체중생유가수
一切衆生猶可數며

삼세심량역가지
三世心量亦可知어니와

여시보현제불자
如是普賢諸佛子의

공덕변제무능측
功德邊際無能測이로다

일모탁공가득변
一毛度空可得邊이며

중찰위진가지수
衆刹爲塵可知數어니와

여시대선제불자
如是大仙諸佛子의

소주행원무능량
所住行願無能量이로다

57

〈大方廣佛華嚴經 卷第三十三〉

일체 중생은 오히려 셀 수 있으며
삼세의 마음의 양도 또한 알 수 있으나
이와 같은 보현 보살 모든 불자들의
공덕의 끝은 측량할 수 없도다.

한 터럭으로 허공을 재어 끝을 얻을 수 있고
온갖 세계를 티끌로 만들어 수효를 알 수 있으나
이와 같은 큰 신선 모든 불자들의
머무르는 바 행원은 헤아릴 수 없도다.

〈대방광불화엄경 제33권〉

大方廣佛華嚴經 — 부록

·

대방광불화엄경 목차

·

간행사

대방광불화엄경
목차

간 행 사

　귀의삼보 하옵고,

　『대방광불화엄경』의 수지 독송과 유통을 발원하면서 수미정사 불전연구원에서 『독송본 한문·한글역 대방광불화엄경』과 『사경본 한글역 대방광불화엄경』을 편찬하여 간행하게 되었습니다.

　『화엄경』은 우리나라에 전래된 이래 일찍부터 사경되고 주석·강설되어 왔으며 근현대에 이르러서는『화엄경』의 한글 번역과 연구도 부쩍 많이 이루어졌습니다. 그만큼『화엄경』이 우리 불자님들의 신행과 해탈에 큰 의지처가 되었던 것임을 알 수 있습니다.

　『화엄경』을 독송하고 사경하는 공덕은 설법 공덕과 함께 크게 강조되어 왔습니다. 그리하여 수미정사 불전연구원에서도『화엄경』(80권)을 독송하고 사경하는 데 도움이 되도록 한문 원문과 한글역을 함께 수록한 독송본과 한글역의 사경본『화엄경』간행불사를 발원하였습니다. 이『화엄경』간행불사에 뜻을 같이하여 적극 후원해주신 스님들과 재가 불자님들께 깊이 감사드립니다. 또한『화엄경』을 수지 독송할 수 있도록 경책의 모습으로 장엄해 주신 편집위원들과 담앤북스 출판사 관계자들께도 고마움을 표합니다.

　끝으로 이 불사의 원만 회향으로『화엄경』이 널리 유통되고, 온 법계에 부처님의 가피가 충만하시길 기원드립니다.

　나무 대방광불화엄경

불기 2564년 '부처님오신날'을 봉축하며
수미해주 합장

위태천신(동진보살)

수미해주 須彌海住

동국대학교 명예교수
중앙승가대학교 법인이사
대한불교조계종 수미정사 주지

독송본 한문·한글역

대방광불화엄경 제33권

| **초판 1쇄 발행**_ 2023년 2월 24일

| **엮은이**_ 수미해주
| **엮은곳**_ 수미정사 불진연구원
| **편집위원**_ 해주 수정 경진 선초 정천 석도 박보람 최원섭
| **편집보**_ 무이 무진 지욱 혜명

| **펴낸이**_ 오세룡
| **펴낸곳**_ 담앤북스
　　　　서울특별시 종로구 새문안로3길 23 경희궁의 아침 4단지 805호
　　　　대표전화 02)765-1251　전자우편 dhamenbooks@naver.com
　　　　출판등록 제300-2011-115호
| **ISBN**_ 979-11-6201-387-8　04220

정가 15,000원